AF452611

LE

VITRAIL SIMPLIFIÉ

(VITRAUX D'ART — IMITATIONS DIAPHANES)

MACON, PROTAT FRÈRES, IMPRIMEURS

PETITE
BIBLIOTHÈQUE ILLUSTRÉE DE L'ENSEIGNEMENT PRATIQUE
DES BEAUX-ARTS
PUBLIÉE PAR ET SOUS LA DIRECTION DE
KARL ROBERT
Officier de l'Instruction publique.

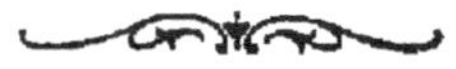

LE
VITRAIL SIMPLIFIÉ

VITRAUX D'ART — IMITATIONS DIAPHANES

LEUR EMPLOI MIS A LA PORTÉE DE TOUS

PRIX : 1 FRANC 50

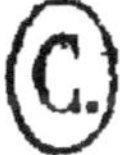

PARIS
H. LAURENS, ÉDITEUR
6, RUE DE TOURNON, 6

—

1895

(C.)

LE
VITRAIL SIMPLIFIÉ

(VITRAUX D'ART — IMITATIONS DIAPHANES)

AVANT-PROPOS

Ce livre n'est pas précisément un traité, c'est plutôt un guide destiné à renseigner l'amateur sur l'emploi judicieux qu'il peut faire des vitraux d'appartement et de leurs imitations diaphanes. Nous espérons toutefois inciter l'amateur à peindre lui-même ses vitraux en s'inspirant un peu de l'art du passé qui, en ce genre, a fourni des merveilles d'harmonie dont l'étude et l'observation développent les idées et le goût.

Plusieurs traités ont été écrits sur ce sujet et, au premier rang, je placerai celui de L. Ottin, habile praticien, professeur émérite, dont le petit volume *L'art de faire un vitrail* est assurément le meilleur ouvrage à consulter pour qui veut se livrer sérieusement à l'art du vitrail. Aussi lui ai-je emprunté de précieux renseignements.

Mais je m'adresse particulièrement aux amateurs, et, soucieux de leur simplifier autant que possible les débuts d'un art qui demande à ses initiés une véritable somme d'études et de talent, je veux seulement dire ici ce qu'il est nécessaire de connaître avant de commencer les premiers essais de la peinture sur verre sauf à les renseigner sur ces essais et sur les ouvrages spéciaux qu'ils auront à consulter et qu'ils seront alors bien à même de comprendre.

Il est incontestable que celui qui veut exécuter des vitraux d'art doit connaître la composition matérielle de ses couleurs vitrifiables et cependant la question est trop ardue pour être traitée dans ce petit guide. Ainsi de la connaissance du dessin, de la pureté des styles, etc... Je ne puis donc qu'effleurer ces questions et *renseigner* le lecteur, à ce sujet, sur la manière de s'y perfectionner. Ce petit livre est donc en réalité une *Introduction* pratique à l'art de peindre les vitraux.

En terminant par les instructions nécessaires à l'emploi et l'utilisation des imitations diaphanes, créées par Rosey et Engelmann, j'ai pensé rendre un réel service aux amateurs éloignés des grands centres, et désireux cependant de décorer à peu de frais leurs appartements, de façon à donner à certaines parties plus d'intimité calme, faire valoir ainsi les meubles anciens ou objets d'art qu'ils peuvent posséder, sous une lumière discrète, et cela pour un temps qui ne saurait, sans doute, atteindre celui des vitraux véritables, mais qui cependant est aujourd'hui tout à fait indéterminé, grâce aux progrès sans cesse réalisés par l'industrie moderne.

I

UN MOT D'HISTOIRE

L'origine de la peinture sur verre ou mieux de l'emploi des verres colorés, comme celui de la terre émaillée, se perd dans la nuit des temps, puisqu'on ignore jusqu'où remonte la fabrication du verre. Toujours chercheurs, les premiers artisans ont dû être frappés de la différence des teintes du verre brut au sortir de la cuisson et par conséquent être graduellement amenés à y introduire eux-mêmes des matières colorantes.

Cependant aucun spécimen, aucune trace même ne nous reste des vitraux antérieurs à l'ère chrétienne, bien que certains auteurs en fassent mention et il faut se rapprocher du xe au xiie siècle, pour trouver dans nos cathédrales des vitraux peints et colorés. Mais alors, à voir quelle perfection ils ont atteint dès cette époque, on est autorisé à penser que cet art était cultivé de longue date, la perfection ne pouvant être obtenue que par suite de progrès patiemment réalisés. Il est donc avéré que primitivement, et dans tous les pays, les vitraux n'ont été que de la décoration obtenue par la juxtaposition de verres colorés, où le verrier n'a cherché que l'harmonie des couleurs sous la transparence de la lumière, sans préoccupation de modelé ni de la reproduction plus ou moins exacte de la nature. Et partout ils y atteignirent la perfection.

Non seulement la France, mais l'Allemagne, la Suisse et l'Italie peuvent revendiquer l'origine de la peinture sur verre, car certainement elle fut pratiquée dès l'abord par des religieux à peu près comme tous les arts, et c'est bien plus pour faciliter les recherches aux lecteurs que nous ne mentionnerons que des vitraux français, que par conscience historique, les auteurs qui ont écrit sur cette matière ayant été, selon nous, entraînés par un amour-propre national un peu trop excessif.

Le moine Théophile s'est beaucoup étendu

sur l'art du peintre verrier, et c'est peut-être la partie de son ouvrage qui est restée la plus proche des procédés encore employés. « Pour colorer le verre, dit-il, aussitôt que le verrier avait cueilli une boule de verre blanc dans le creuset, il la trempait dans un autre creuset contenant du verre incandescent, dans lequel on avait jeté des oxydes métalliques ; il égalisait la prise sur une pierre chaude et il soufflait de façon à lui donner la forme d'une bouteille ; puis il en perçait l'extrémité et, à l'aide d'un morceau de bois, il dilatait, ou mieux, étendait cette bouteille sans fond de façon à en former un disque tenu au centre par la canne : il remettait au feu, puis, sur une surface unie, détachait le verre et le planait. » On avait ainsi un verre coloré qu'on découpait au fer chaud, l'usage du diamant n'étant pas encore connu. Au xiie et au xiiie siècles, les vitraux sont encore faits par ce procédé, mais on y ajoute le modelé en grisailles, peintures monochromes appliquées au pinceau et repassées au feu.

Aux siècles suivants, les peintres verriers procédant encore sur des verres matériellement teintés, ébauchent en grisaille et terminent en utilisant toutes les couleurs vitrifiables connues, faisant subir à leurs œuvres autant de cuissons qu'il est nécessaire pour arriver à la perfection du modelé. Les procédés n'ont donc plus changé; ils ont subi simplement quelques transformations eu égard aux progrès de la chimie des couleurs vitrifiables, réalisés d'abord par les artistes eux-mêmes, et, plus tard, par les savants et les industriels. Quant aux styles des différents siècles, il est assez simple à reconnaître, suivant celui de l'architecture même, celui des miniatures et des manuscrits enluminés, car c'est une loi normale, que le style en tous les arts se tient aux mêmes époques. Aussi le caractère du XIIe est-il ici comme ailleurs le plein cintre dans la forme; le dessin est lourd et court; le XIIIe siècle ajoute l'ogive au plein cintre; le XIVe substitue l'ogive au plein cintre; le dessin est devenu plus élégant, les formes sont variées, la vérité naturelle plus recherchée.

Au XVe siècle, tous ces progrès s'accentuent et c'est peut-être, selon nous, la plus belle époque, quoi qu'on en ait dit, à ne considérer que la rosace de la *Sainte-Chapelle* de Paris et *Saint-Ouen* à Rouen, surtout si avec Violet le

Duc on envisage le xvi⁰ siècle comme une époque de décadence. Mais ceci est plus que contestable si l'on admet pour la peinture sur verre le droit de former véritablement tableau représentatif et non une simple décoration architecturale. Non, nous ne pouvons appeler époque de décadence celle qui a eu pour inspirateurs Raphaël et le Primatrice, pour artisans Jean Cousin, Pierre Raymond, Bernard Palissy.

Mais au xvii⁰, au xviii⁰ siècles, il semble en effet que les traditions se sont perdues ; et si matériellement l'exécution des vitraux est belle encore au xvii⁰, quoique mièvre et sans caractère, cet art paraît s'éteindre au moment de la Révolution, à tel point que le xix⁰ siècle aura pour le reconstituer presqu'autant de recherches à faire que ses premiers initiateurs.

Nous ne voulons pas insister ici sur l'historique des vitraux anciens ce qui nous entraînerait trop loin, mais nous pensons qu'il est absolument utile à l'amateur autant qu'à l'artiste de les connaître un peu, de les observer, aussi de lire quelques ouvrages spéciaux de façon à développer en soi les qualités requises de quiconque veut s'occuper de l'art du vitrail. Et ces qualités sont nombreuses : le choix du sujet, l'effet que devront produire les vitraux selon la place qui leur est destinée, l'orientation de la lumière, le style à adopter, l'harmonie des couleurs ; telles sont les connaissances nécessaires, que l'étude et l'observation de l'art ancien peut seule vous donner, non seulement dans le but de faire vous-même les vitraux peints ce qui paraît évident, mais aussi pour utiliser ce travail d'autrui fût-ce même sa plus simple imitation, car si l'effet produit est d'une vibration moindre, l'harmonie des couleurs y doit régner absolument au même titre.

II

DES VITRAUX VÉRITABLES

Sans exiger un atelier proprement dit, le travail du peintre verrier demande une pièce spéciale, si petite qu'elle soit, à une seule fenêtre, pour obtenir la transparence d'un jour franc. Devant cette fenêtre, un chevalet particulier, sorte de grand châssis rectangulaire à tablette étroite sur lequel on place la pièce à peindre.

A droite ou à gauche de la pièce une table sur tréteaux d'environ 1 m. 80 sur 0 m. 90 ; vis-à-vis, une autre table un peu plus petite : la première sert pour les tracés, la seconde pour le découpage des verres, la mise en plomb et toutes manutentions. On comprendra la nécessité d'en avoir deux, celle des manutentions se fatigue vite, et il faut toujours dans un travail d'art se réserver une place propre et nette, ce sera le cas de la première.

Du verre blanc et de couleur, quelques palettes de verre blanc et de couleur faites de la *chute* des verres qu'on emploie. Du plomb laminé, de la soudure, un fer à souder, à gaz si l'on peut, un fourneau à souder si l'on ne possède point le gaz, un petit marteau dit de vitrier, une tenaille, une pince à tête plate, un ou deux couteaux à couper les plombs. Quelques flacons étiquetés dans le verre même pour recevoir les essences acides etc..., un flacon spécial en gutta-percha ou en argent pour l'acide fluorhydrique. De petits clous sans tête, des punaises, des pinceaux et des brosses parmi lesquels un large blaireau, un putois, un ébouriffoir, un ou deux couteaux à palette longs et souples, deux appuis-mains, des couleurs spéciales, de deux sortes, les unes enfermées dans des flacons ou godets recouverts, les autres en tubes.

Enfin de la cire à modeler pour maintenir la pièce en exécution sur le chevalet.

Les Couleurs. — Au bout d'une année d'essais faits à l'aide des couleurs spéciales toutes préparées et mises en tubes, de Lacroix, ce que j'estime le plus pratique pour l'amateur, il sera nécessaire de faire une étude un peu sérieuse de la composition des couleurs. Le chapitre XVII du livre de L. Ottin lui donnera les premiers éléments d'appréciation, et cette étude pourra être poursuivie à fond dans les ouvrages traitant de la chimie des couleurs. Il est à peine besoin de le dire : mais c'est à mesure qu'on progresse dans un art d'agrément, qu'on éprouve le besoin de connaître le pourquoi des résultats obtenus et de s'y perfectionner. Ce n'est donc qu'après un certain temps de pratique effective qu'on sera tenté de remplacer certaines couleurs par certaines autres. Mais je le répète, le plus simple est de se servir des couleurs en tubes de Lacroix sauf à les surbroyer à la molette au moment de l'emploi, comme on doit le faire pour toutes les couleurs devant passer au feu. En effet, bien qu'elles soient préparées avec le plus grand soin, les essences travaillent à l'intérieur des tubes et il est nécessaire de les ramener à une dilution bien homogène. Au surplus cela vous habitue au broyage des couleurs en poudre dont l'emploi, plus tard, sera meilleur assurément, aussi plus

économique. Ce dernier mode vous permettra
en outre de vous adresser à divers fabricants
d'émaux s'il se trouve parmi vos couleurs quelque
ton qui ne vous satisfait point. Il en est ici comme
de toutes les couleurs, à l'huile, à l'aquarelle,
en gouache, certaines sont mieux réussies chez
tel ou tel fabricant, l'expérience seule peut vous
guider dans le choix à en faire.

Pour ces essais, il n'est rien de tel que les
échantillons, qu'il faut multiplier le plus possible :
pour ce faire, je ne suis nullement d'avis qu'une
touche de couleur sur un bout de verre passé au
feu suffit. Cela est bon pour les essais du praticien habile, mais n'indique rien à l'amateur.
Ayez au contraire des bandes de verre, oblongues,
losangées ou carrées : tracez-y des dessins réels,
rinceaux, fleurs ou ornements, et faites vos essais
de grisailles monochromes ou de couleurs juxtaposées : passez à la cuisson avec autant de soin
que vous mettriez pour un vitrail utilisable. De
cette façon, ces essais seront agréables à suivre
et constitueront une collection de *références* que
vous classerez en les numérotant de façon à ce
qu'elles correspondent avec le carnet de *notes et
observations* que doit toujours tenir le peintre

qui se sert des couleurs vitrifiables. Le premier essai à faire est celui du jaune d'argent, que les verriers appellent jaune à l'argent. Le jaune d'argent qui n'est point à proprement dire un émail se comporte de même, mais il subit au feu des modifications très sensibles selon la qualité du verre qu'on emploie. Le verre qui lui conserve le plus d'intensité est celui qui sur la tranche présente une couleur verte bien accentuée. L'apposition du jaune d'argent donnant de l'éclat aux vitraux, les rehausse d'effet et d'intensité ; c'est par essence, une couleur de vibration ; il faut donc en connaître les résultats d'une manière très complète, d'où la nécessité de multiplier les essais jusqu'à ce qu'on en possède bien tous les effets.

Du verre. — Le verre, à de très rares exceptions près, ne doit jamais être blanc : celui-là même qu'on désigne sous le nom de blanc doit être légèrement verdâtre dans sa pâte ; c'est ce qui lui retire l'aspect de froideur qu'aurait le rendu sur une matière incolore. Les verres de couleurs les plus souvent employés sont les bruns, les bleus, les rouges, les verts colorés dans la pâte. On se sert aussi des jaunes clairs et des violets, enfin des verres doublés de jaune de bleu et de carmin. On appelle verre doublé une feuille de verre présentant une surface blanche et à son revers une surface colorée. Ils sont faits d'une première couche de pâte de verre incolore, étendue comme il a été dit ci-dessus, puis recouverte d'une autre pâte colorée soit en bleu, en rouge ou toute autre couleur; l'adhérence est obtenue par une nouvelle cuisson. Les verres doublés, outre qu'ils produisent un effet particulier, servent à la gravure, dont nous aurons à dire quelques mots.

Il en va pour le verre comme pour les couleurs : ayez un petit assortiment et peu à peu vous apprendrez à connaître le choix judicieux qu'il faut en faire dans vos acquisitions.

III

EXÉCUTION

CHOIX ET COUPE DU VERRE

Il faut, avons-nous dit, choisir le verre non d'un blanc absolu, mais légèrement coloré de vert, ce qui se reconnaît à la tranche ou se voit, quand vous l'achetez, en plaçant derrière un morceau de papier blanc. Ne parlons que de ce premier verre pour le moment, les premiers travaux entrepris devant être, selon nous, des grisailles.

Quelques exercices préalables sont nécessaires pour apprendre à couper le verre à l'aide du diamant. Pour ce faire, ayez des rognures de verre, un bon diamant, une règle plate; placez votre règle sur le verre et tenez-la de la main gauche en écartant le pouce des trois premiers doigts; pressez pour bien maintenir le verre, et, tenant votre diamant bien vertical, appuyez légèrement le long de la règle en venant à vous — le verre est coupé. Pour que votre diamant prenne bien et ne se fatigue pas, il doit tonjours être utilisé dans le même sens et du même côté. Généralement, le côté qui doit porter contre la règle plate est indiqué par deux points d'ivoire sur la monture. Je n'insisterai pas : la plupart du temps, en effet, votre marchand de verre vous débitera tout coupé, à la demande, comme on dit, les morceaux dont vous avez besoin, il suffit pour cela de lui en donner le tracé, les bandes de mise en plomb étant calculées, le tout relevé en calque sur le modèle que vous voulez reproduire, appelé *carton*. Au surplus, cette opération de la coupe des verres est décrite d'une façon très complète dans l'ouvrage de L. Ottin. On devra s'y reporter si l'on veut savoir comment le verre se débite en *cornes* simples ou doubles, *chenons*, *moulinets*, *molettes d'éperon*, *bâtons rompus*, etc. On a dit avec juste raison que la perfection même apportée à la fabrication du verre nuisait au caractère du vitrail moderne. C'est là, dis-je, une observation juste en ce qui concerne les grands vitraux décoratifs. Je ne pense pas qu'il en soit de même pour les vitraux d'appartement. Aussi bien aurez-vous la facilité de choisir, après une certaine expérience, des verres teintés dans la pâte de façon à jouer l'ancien, des piquetés ou des granités ; mais je ne saurais trop vous conseiller d'adopter d'abord le verre ordinaire dit verre à vitre pour bien connaître le rendu des couleurs vitrifiables après la cuisson.

Une dernière recommandation en ce qui concerne le verre. Dans une décoration simple, vous pouvez cependant avoir besoin, pour fond, de plusieurs teintes de verres colorés dans la pâte : ayez soin qu'ils soient bien en harmonie les uns avec les autres, de même *valeur de ton*. Si, comme je le suppose, ce petit livre n'est pas le premier de notre bibliothèque que vous possédiez, vous devez savoir ce qu'on nomme les valeurs, qui, pour l'art du vitrail, sont très sensibles, très aisées à reconnaître, puisqu'il suffit d'examiner à la transparence si l'intensité d'une couleur est la même que celle d'une couleur voisine. Ce n'est pas que parfois les oppositions ne soient de mise, — bien au contraire ; mais ne confondez pas : les oppositions doivent être dans une même *valeur*. Exemple :

si vous voulez un bleu et un rouge juxtaposés, prenez un rouge vif et un bleu intense ou bien un rouge éteint et un bleu pâle. A cette condition seulement, vous obtiendrez l'harmonie.

Choix du sujet, exécution. Du carton ou modéle. — Dans un appartement, à peu près tous les sujets peuvent convenir ; la distinction à en faire dépend de deux choses : la dimension des fenêtres, leur nature ; soit, si chaque croisée est d'une seule pièce, ou si elle est divisée en deux ou trois parties, formée en un mot d'un seul ou de plusieurs carreaux. Vos croisées sont-elles d'une seule pièce, vous pouvez y adopter les grands personnages, les fleurs décoratives, les ornements par alternance. Celles qui sont divisées en plusieurs carreaux devront avoir autant de motifs qu'il y a de pièces, motifs reliés par une même bordure d'encadrement. Dans le premier cas, le sujet du modèle doit être simple, traité par grandes lignes de dessin, grands a-plats de couleur. Plus l'ensemble sera simple, meilleur sera l'effet produit, lorsqu'à la distance voulue on embrassera tout le sujet. Au contraire, si l'ensemble est formé de plusieurs sujets vous pouvez apporter plus de minutie, à la condition toutefois que la coloration de ces divers sujets soit homogène et toujours en harmonie avec la bordure extérieure. De cette façon, l'aspect d'ensemble sera convenable, même à distance normale de la fenêtre, bien que la division des sujets supporte l'examen du détail vu de près. Vous pouvez ainsi traduire des sujets de chasse, adopter le genre Watteau, les fantaisies modernes. Remarquez seulement que les pièces qui seront placées dans le haut et dans le bas devront être moins modelées que la pièce du milieu (je suppose des croisées à trois carreaux) : avec un dessin de même pureté vous aurez ainsi un effet d'ensemble plus complet au point de vue décoratif.

Quelle que soit l'idée première dont vous partiez, sujet composé par vous-même ou d'après un modèle copié, il est nécessaire de refaire, en vue du vitrail, une esquisse nouvelle, simplifiée, et dans laquelle seront prévues les divisions de la mise en plomb. Dans le vitrail d'appartement, les plombs doivent être aussi peu nombreux que possible. L'esquisse arrêtée, vous la reporterez au carreau de la grandeur voulue, et le dessin fait, vous le reporterez en grandeur au moyen du calque sur un papier à lavis, afin d'indiquer par grandes teintes plates, à l'aquarelle, vos colorations. En enduisant le revers de ce lavis d'essence de térébenthine, vous pourrez juger de l'effet de cette maquette définitive, et c'est d'après elle que vous adopterez vos verres de couleur.

Du calque. — Pour la coupe des verres, il est nécessaire d'employer un papier un peu épais, mais cependant transparent, ou bien de reporter le calque fait sur végétal, sur un papier carte. Sur ce report, repassez les traits principaux, ceux qui appellent des coupes de verres de couleur par leurs formes mêmes. Remarquez que pour un vitrail d'appartement et surtout pour les sujets, vous devez avoir le moins de coupes possible, parce que les plombs, qui affirment le dessin, et ajoutent au caractère de la peinture sur verre, lorsqu'ils entrent dans une grande décoration, diminuent au contraire, s'ils sont trop multipliés, l'intérêt, si l'ensemble est de proportions plus petites.

Coupe, mise en plomb provisoire. — Le calque fait et repassé à l'encre, vous passez à la coupe du verre en vous servant de règles, d'équerres, de pistolets variés, selon les formes du dessin, et vous présentez l'ensemble du vitrail ainsi découpé, sous une mise en plomb provisoire.

Sur la feuille de calque placée à plat sur la table spéciale, vous rétablissez l'ensemble des verres que vous venez de couper et, procédant avec ordre, sur un des côtés, le gauche de préférence, vous engagez, dans un premier ruban de plomb l'extérieur du verre : rabattant le plomb, vous le maintenez avec de petites pointes sans tête aux extrémités, le long du verre. Vous engagez ainsi successivement toutes les pièces, de façon à former un panneau. Généralement, vos vitraux auront six panneaux, trois pour chaque croisée, puisque, de nos jours, elles sont ainsi divisées ; mais si elles sont d'une seule pièce, vous aurez à réunir les trois panneaux verticaux par des barrettes, provisoires aussi, si votre sujet est un grand personnage, qu'il faut voir dans son ensemble durant l'exécution. Cela fait, vous relevez le panneau et le placez sur le chevalet pour commencer la peinture, dont la première opération est le décalque au pinceau de votre sujet. Ce décalque peut se faire de deux façons : si vous n'employez pas de verres trop foncés,

comme certains bruns, certains bleus, utiles parfois dans des grandes ombres, vous pouvez faire
le calque à plat sur la table en réunissant les
verres coupés sur le carton et les maintenant
extérieurement par de la cire à modeler ; ou s'ils
sont assemblés par la mise en plomb provisoire,
et alors surtout que vous avez employé des verres
épais et de nuances foncées, vous fixez le carton
par le même moyen au revers du vitrail pour le
voir en transparence au chevalet.

Le trait s'exécute à l'aide d'un pinceau un
peu long, dit *pinceau à filets*, et d'un ton de grisaille brune un peu soutenu et broyée soit à
l'essence, soit au vinaigre. Habiles déjà, certains
le font à l'eau gommée, mais ce procédé manque
d'adhérence, et le débutant risquerait de voir
une partie de son trait disparaître dans les frottements nécessités par le travail ultérieur. Je dis
bien frottements, car l'essence et l'eau ne se
détruisent pas. Mais le trait à l'essence et surtout au vinaigre, plus solide encore, demandent
un certain temps pour sécher complètement. On
fera donc bien de faire, en une première séance,
toutes les manutentions préparatoires, puis le
trait, et de laisser reposer et sécher jusqu'au
lendemain.

Des grandes teintes. — Le vitrail ainsi dessiné au trait, vous passez une teinte générale de grisaille délayée à l'eau légèrement gommée à l'aide d'un de vos blaireaux, et vous tamponnez à l'ébouriffoir, sorte de pinceau dont se servent les doreurs et qui joue ici le rôle du putois des peintres en porcelaine qu'on pourrait utiliser ici, surtout pour les petits sujets, pièces dites à la main ; mais pour les surfaces plus grandes, l'ébouriffoir donne un grain plus écarté, une teinte plus légère et cela est de meilleur aspect ; cette première teinte de grisaille n'étant à proprement parler qu'un fond destiné à faire de suite ressortir les lumières.

En effet, sitôt qu'elle est sèche, à l'aide d'un pinceau sec, ou mieux d'une brosse à peindre, d'une poupée de chiffon formée à l'index et de grattoirs, on indique, en enlevant les parties nécessaires de la première teinte de grisaille, les grands clairs d'après la maquette à l'aquarelle. La première teinte une fois sèche, vous reprenez le travail, semblablement, mais cette fois avec la couleur broyée à l'essence de térébenthine maigre ou de lavande additionnée d'une goutte d'essence grasse. Il faut très peu de cette dernière qui risquerait, mise en trop grande quantité, de faire gripper les couleurs à la cuisson. Sa présence, au demeurant, n'est nécessaire que pour faire adhérer la teinte un peu plus que si elle était broyée à l'eau pure ou à l'essence maigre ; elle joue donc le même rôle que la gomme dans l'eau, et est destinée à donner plus d'adhérence à la couleur, de façon que le travail de l'application des teintes ultérieures et du modelé soit ainsi rendu plus facile.

On peut dire qu'à ce moment la partie la plus importante du travail est faite : tel qu'il est, avec ses grandes teintes, ses oppositions de clairs et d'ombres, appliquées sur verre de couleur, un vitrail déjà serait utilisable ; il constituerait une grisaille sans modelé, c'est vrai, mais donnerait déjà l'aspect décoratif.

Et si, pour les travaux précédents, la marche à suivre est à peu près la même pour tous, la deuxième partie, le modelé, diffère selon le goût et le tempérament de chacun.

Le dépoli. — Si l'on s'est servi de verre blanc ou verdâtre, mais uniforme, on se sert du dépoli pour enlever au verre sa crudité, son aspect monotone. C'est par derrière que s'applique cette couche d'émail blanc, de même façon et tamponnée à l'ébouriffoir ainsi qu'on a procédé pour les premières teintes appliquées par devant.

Le jaune d'argent. — Il en va de même pour le jaune d'argent qui s'applique aussi par derrière, après avoir enlevé au doigt, au chiffon, au grattoir, la couche d'émail dépoli partout où il doit se fixer. Le jaune d'argent s'emploie délayé à l'eau gommée, épais pour les jaunes dorés, clair pour les jaunes pâles. Quand il est bien sec, on procède par enlevages comme avec les teintes précédentes pour rattraper des lumières.

L'emploi du jaune d'argent dans les vitraux est considéré par tous les praticiens comme indispensable. C'est un ton d'éclat, de repoussoir, qui donne au vitrail une chaleur, une vibration de couleur qui lui donne tout son éclat. C'est la teinte ambrée que les maîtres répandent sur leur peinture, c'est l'ocre jaune des aquarellistes, aussi certains maîtres l'ont-ils employé à profusion. Mais pour en bien connaître l'emploi, des échantillonnages sont nécessaires, sur différentes natures de verre qui tous ne le prennent pas d'égale façon. L'expérience, en ceci, nous guidera mieux que tout ce que nous pourrions dire à ce propos.

Des émaux. — Les couleurs d'émail s'emploient de deux façons : si on les applique par derrière, mieux vaut les employer broyées à l'eau gommée. Sans doute, il est moins aisé de modeler comme on le voudrait; d'autre part, les couleurs broyées à l'eau ne laissent que très peu juger de l'effet qu'elles peuvent rendre : mais ce fait même de travailler à l'envers est déjà pour l'amateur une difficulté que n'augmente pas sensiblement l'emploi des couleurs à l'eau; je n'irai pas jusqu'à dire qu'en procédant ainsi on va à l'aveuglette, mais on se rend peu compte du résultat probable; on procède donc au jugé, et ce n'est que la pratique qui peut faire progresser.

Le modelé des émaux broyés à l'essence s'emploie dans le sens normal, par devant, et c'est celui que nous conseillons à l'amateur : sans doute l'odeur des essences n'est point agréable, sans doute aussi le travail à l'eau donne plus de limpidité au vitrail, aussi plus de moelleux et de fondu, mais il est beaucoup moins aisé, je le répète, et par là même bien plus du ressort des professionnels que de l'amateur.

De la cuisson. — Le cadre de ce petit ouvrage

ne nous permet pas de traiter longuement de la question de l'enfournement et de la cuisson, qui n'a pas ici, pour l'amateur, la même importance que pour le peintre en porcelaine. Etant données les couleurs spéciales employées dans la peinture des vitraux, il y a peu de mécomptes à redouter en donnant ses pièces à cuire au dehors. Et cependant il est indispensable de connaître le rendu de ces couleurs, aussi nous semble-t-il bien pratique de commencer par exécuter des pièces de petites dimensions, et de se servir pour les soumettre au feu de l'appareil de Lacroix connu sous le nom de pyro-fixateur, dont nous avons donné la description dans notre traité de la *Céramique*, et qui ne demande aucune installation. Puis, si vous disposez d'un emplacement suffisant et surtout si vous vous occupez de travaux céramiques autres que les vitraux, émail, porcelaine et faïence, libre à vous d'installer un four de potier dont la disposition intérieure seule changera selon la nature des pièces à cuire. C'est surtout le moufle qui diffère de forme et mieux encore la disposition des pièces dans le moufle qui varie selon les travaux.

Un grand fourneau à réverbère comme ceux

des peintres en émail peut encore servir pour la cuisson des pièces de vitraux de petites dimensions, mais le feu y est un peu plus difficile à conduire que dans le pyro-fixateur qui est un appareil, pour ainsi dire, automatique. Quelque appareil que vous adoptiez, il vous suffit de savoir que les pièces de verre peuvent être enfournées dans le moufle les unes sur les autres, revêtues chacune d'une couche de plâtre fin répandue au tamis, mais d'épaisseur suffisante pour bien isoler chaque pièce.

Certaines couleurs vitrifiables tachent leurs voisines : le jaune d'argent en particulier demande à être écarté des violets ; on y veillera dès les premiers essais. Nous n'insisterons pas sur les particularités de la cuisson qui ont surtout une importance lorsqu'on fait usage du véritable four à porcelaine en maçonnerie où la **température** s'élève toujours au dessus de celle qui serait suffisante à fixer les couleurs, quelle que soit la vigilance du cuiseur. Nous renvoyons pour ces détails à l'excellent livre de L. Ottin et aussi au manuel de Reboulleau, collection Roret, où ces questions techniques sont traitées de la façon la plus complète.

COMMENT ON COMPOSE UN VITRAIL

Par L. OTTIN

Mon cher Ami,

Vous me demandez de dire en quelques mots aux lecteurs de votre estimable journal[1] comment je procédai à l'exécution des vitraux que voulut bien me commander autrefois Monsieur votre père. Je m'exécute d'autant plus volontiers que cela me rappelle mes débuts dans la carrière.

Je revenais justement de Beauvais où les belles croisées de l'église Saint-Etienne m'avaient montré ce que l'on peut faire de mieux en ce genre. Heureux de pouvoir mettre en pratique ce que je venais d'apprendre, vite je songeai à faire de cette commande, puisque j'étais laissé maître absolu de la situation, je songeai dis-je à faire

1. La *Revue pratique de l'enseignement des Beaux-Arts.*

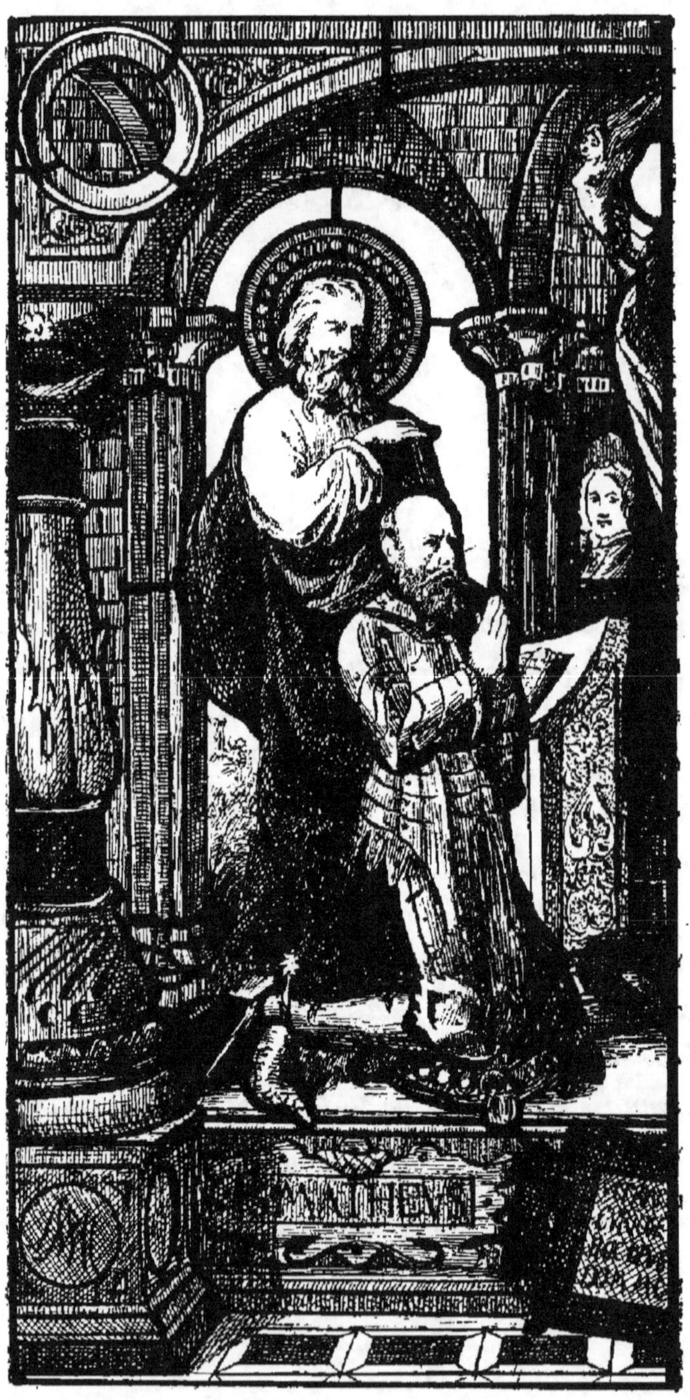

Saint Mathieu.

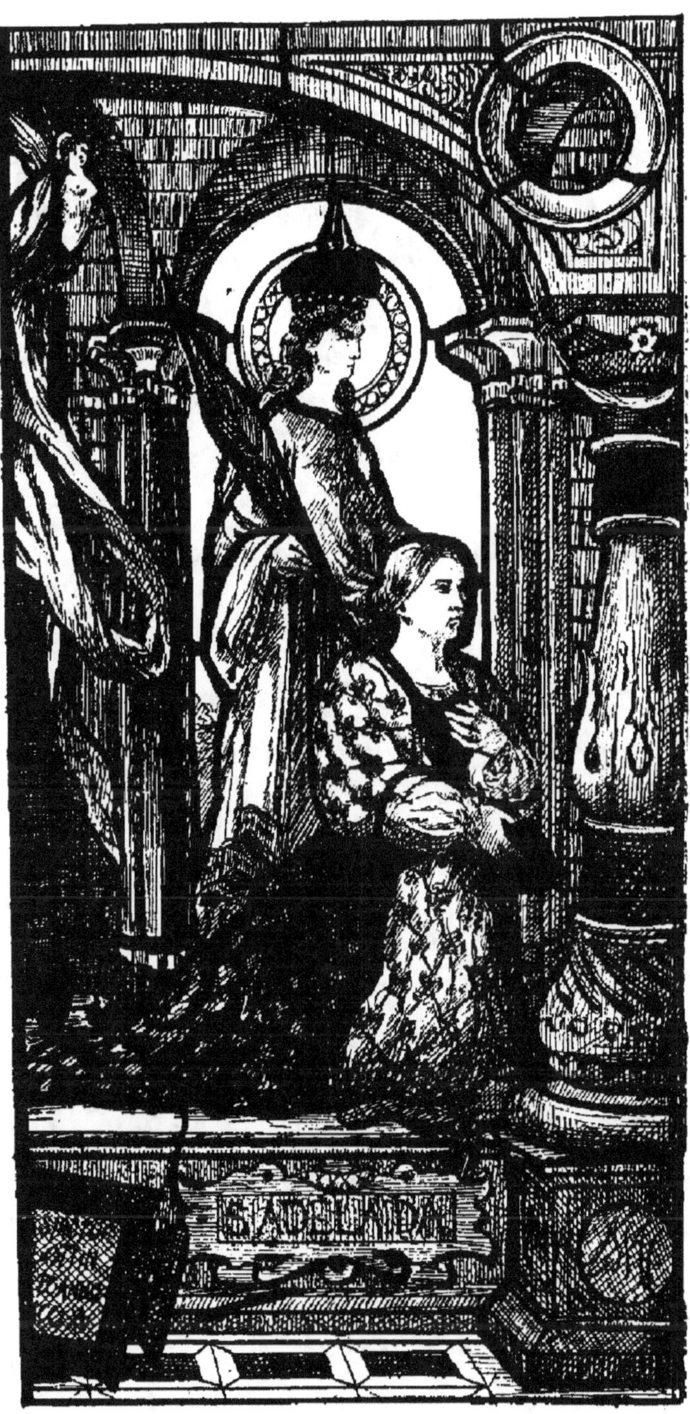

Sainte Adélaïde.

un pastiche des vitraux de la Renaissance. — Je n'étais pas encore établi. Je n'avais donc personne pour m'aider dans mon travail. Obligé de faire tout par moi-même, je remplissais à la fois les fonctions de patron, d'ouvrier et d'apprenti. C'était donc quelque chose comme mon chef-d'œuvre que j'allais exécuter. Aussi le soignai-je comme pas une de mes meilleures œuvres que j'ai faites depuis.

Je soumis au préalable à M. Mathieu Meusnier une esquisse qu'il approuva, et, quand tout fut bien entendu entre nous, je commençai les cartons ou dessins grandeur d'exécution. Les portraits m'avaient été fournis par des photographies. Je fis les dessins et les retouchai d'après nature, — et c'est à cette époque que je vous connus. — J'allai au Musée de Cluny relever le dessin d'un personnage en armure du XVIe siècle pour vêtir monsieur votre père. Je trouvai dans Mercury un splendide costume pour Madame votre mère. Une des statues du tombeau de Maximilien, Théodoric, me fournit le saint Roland, et quant à vous-même, je crois que c'est à un des enfants de Jouvenel des Urdins que j'empruntai le costume dont je vous revêtis. Une fois mon dessin bien arrêté dans ses contours, je procédai au tracé de coupe. Je choisis pour la donnée générale de la coloration un ensemble de tons qui rappelât l'harmonie de mes maîtres favoris : Angrand le Prince et Nicolas le Pot. J'adoptai la facture un peu brutale mais solide de certaine verrière bien connue, celle de la chapelle Saint-Claude. En souvenir d'un manteau de roi de l'arbre de Jessé d'Angrand le Prince, je semai, à l'aide de la gravure, sur la robe rouge de la femme qui est auprès de Sainte Adélaïde, une pluie de pièces d'or. Dans tout le travail, je ne voulus jamais recourir aux émaux afin de mieux garder le cachet de l'époque. Les pourpres des fonds d'architecture sont bien caractéristiques, à ce que je crois, et le souvenir de lampe romaine qu'invoque le grand candélabre qui est auprès de M. Mathieu Meusnier ne messied pas, je pense, à l'ensemble de l'ornementation. Dans les draperies vertes, afin de les réchauffer, ainsi que faisaient les maîtres du XVIᵉ siècle, j'employai le rouge de chair au lieu de grisaille pour les modeler ce qui leur donne un cachet tout spécial. Enfin je pense n'avoir rien omis de ce qui pouvait le mieux raviver le souvenir de l'époque que j'avais choisie

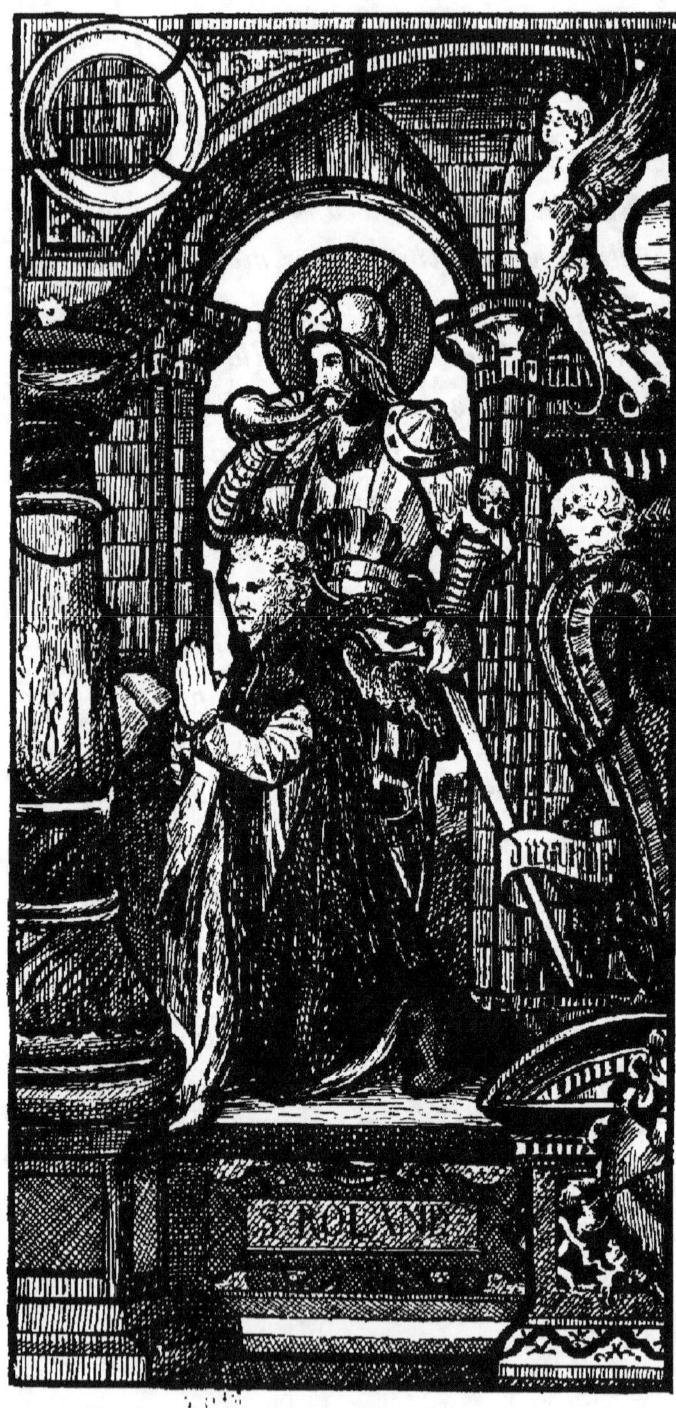

Saint Roland.

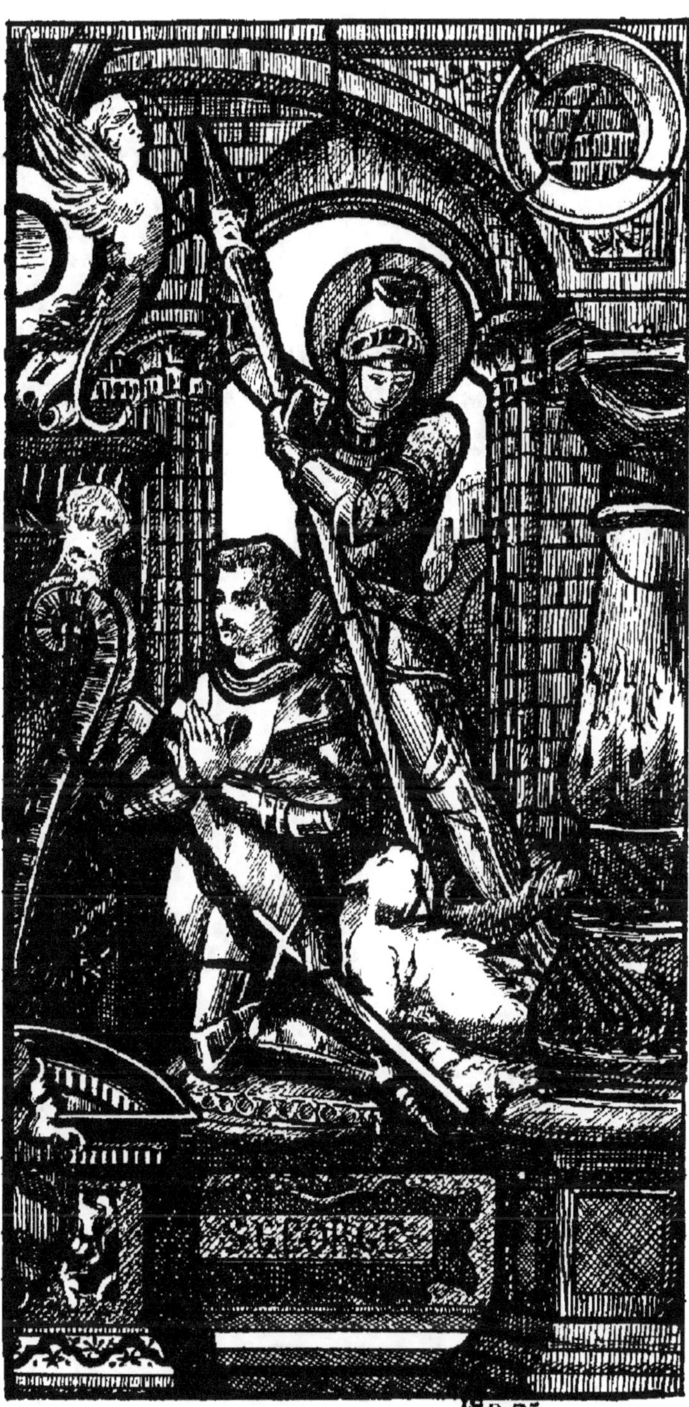

Saint Georges.

comme modèle. La cuisson me fut assez favorable.
Vous savez, mon cher ami, combien dans les arts
du feu on redoute ce passage au four qui gâte ou
fait valoir dans tout son éclat le travail. Enfin,
j'eus le plaisir de voir exposée mon œuvre, et les
compliments que j'en reçus (je me rappelle encore
ceux d'un de nos maîtres regrettés, Steinheil,
qui m'était venu voir), me récompensèrent amplement de la peine que j'avais prise. — Qu'il y a
longtemps de cela !! A vous.

L. OTTIN.

DE L'ORNEMENTATION ET DE L'ART

IV

DES DIFFÉRENTS GENRES

———

DE L'ORNEMENTATION ET DE L'ART

Grisailles. — Camaïeux. — Vitraux poly-chromes. — Dans l'art du verrier, on distingue deux sortes de grisailles : la première, qui consiste à employer des teintes préparatoires au modelé pour les vitraux colorés, la seconde où l'artiste se tient dans la monochromie des grisailles peintes. C'est de celles-ci que nous voulons dire quelques mots.

Certes, la grisaille ne saurait être comparable aux verrières de couleur au travers desquelles la lumière vient chanter dans une harmonie de rouges, de bleus, de verts et d'or : son aspect est souvent froid et sec, et cependant il est certains cas où son emploi est nécessaire. C'est surtout lorsque, voulant masquer une vue extérieure, on désire conserver pour l'intérieur le plus de lumière blanche possible, soit que la pièce elle-même soit obscure ou que l'ameublement appelle de la lumière. Dans les appartements, on emploie le plus souvent des carrelages ou des losangés de verres teints dans la masse et granités d'une couleur uniforme, encadrés seulement d'une bordure en teinte pâle. Mais si l'on a de grandes croisées, une baie de serre ou d'antichambre à couvrir, on peut recourir à la véritable grisaille peinte.

On pourrait croire que le genre ne présente aucune difficulté : c'est là certainement une erreur. Les grisailles en effet pour monochromes qu'elles sont, ne doivent cependant pas être tristes et froides. Au plus peut-on se contenter de l'emploi d'une seule couleur pour les *lacis et entrelacs*. Mais, pour la décoration à sujets, on devra se préoccuper d'y avoir les dégradations et le modelé par une série de nuances variées bien que prise à la même gamme de couleur. Les règles sont les mêmes que dans la peinture à l'huile où la palette est composée de tons gris bleu, gris rose, gris jaune, gris violet, gris brun, et les effets qu'on ne pourrait obtenir qu'à l'aide de l'emploi du noir, presque pur, on les obtient avec les gris bruns, qui, vus séparément, pourraient paraître des tons de demi-teinte claire. Les gris bleus et violacés sont réservés pour les ombres portées. Les gris violacés, additionnés de jaune brun ou de rouge, sont employés pour les parties qui se trouvent dans l'ombre; les gris jaune foncés, nuancés de rouge, servent pour les reflets; les plans qui reçoivent la lumière sont peints avec des gris bleu clairs, un peu violacés, sur lesquels s'enlève la lumière en gris jaune ou en gris rose. Quant aux vigueurs, aux accents destinés à donner le relief, en accentuant le dessin, on les obtient avec le gris brun, tantôt virant au jaune, tantôt virant au rouge, selon qu'on travaille du côté de la lumière ou du côté de l'ombre. L'effet produit par la grisaille ainsi conduite est d'autant plus agréable qu'on a su rester simple et que les tons employés sont différents par leur coloration sans l'être beaucoup par leur valeur, c'est-à-dire qu'ils forment une échelle peu sensible comme dégradation du clair au foncé; mais qu'ils en forment une beaucoup plus distincte par le coloris, sans pourtant sortir de la gamme grise.

Dans la peinture sur verre, le nombre des couleurs à utiliser en grisaille est assez restreint, car on doit se contenter d'une modification du noir et du brun ; pourtant on peu multiplier les essais pour arriver à une coloration agréable. Ferdinand de Lasterye cite l'heureux résultat de gris brun, obtenu par le mélange de gris et de rouge, dans une suite de vitraux peints par Bernard Palissy pour le château d'Ecouen.

Dans notre petit ouvrage *Le fusain* sur faïence nous avons préconisé l'emploi du noir d'iridium ; cette couleur peut également s'employer sur verre, mais il faut se défier de son intensité de noir qui donne un aspect froid et qu'il est malaisé de rompre, l'iridium prenant à la cuisson toujours trop d'importance sur les autres couleurs.

Camaïeux. — La différence qui existe entre les grisailles et les camaïeux est bien peu sensible : tous deux, en effet, sont monochromes, mais alors que la grisaille, comme son nom l'indique, est traitée par un gris, le camaïeu s'exécute dans un ton franc et non rompu. La différence des valeurs est la même pour arriver à

l'effet ; encore dans la peinture sur verre la cuisson a une action telle que, décolorant les tons
les plus francs, elle en fait des tons tant soit
peu gris dans une couleur franche. Aussi pen-
sons-nous qu'il vaut mieux se servir des grisailles
et réserver les camaïeux uniquement pour de
petites pièces isolées comme des médaillons destinés à être enchassés dans des verres presque
blancs.

Les vitraux polychromes. — Nous avons vu
que le premier soin du peintre verrier doit être
d'établir un carton ou modèle. Sa préoccupation première doit être la simplicité, la clarté.
Aucun détail n'y doit paraître minutieux et, par
conséquent, n'y doit figurer sans raison d'être
absolue. Encore dans son exécution chaque détail
doit saillir et s'imposer dans une forme envelop-
pée d'un contour simple et correct, sans modelé,
traité seulement par l'affirmation de la lumière
et de l'ombre. Et, si une époque doit faire progresser l'art du vitrail, c'est bien la nôtre où les
décorateurs abondent et où l'art de la simplifi-
cation frappe les yeux presque partout par les
couvertures de livres et la plupart de nos affiches
modernes, conçues dans cet esprit. — Ce qui

est vrai pour la composition et le dessin, l'est également pour la couleur. La coloration générale d'une verrière d'église peut être vibrante et d'une polychromie variée ; la dimension du travail, l'amplitude de la nef autorisent l'emploi d'un grand nombre de couleurs que l'espace met en harmonie. Mais les vitraux d'appartement, par contre, doivent être sobres de tons si l'on ne veut choquer l'œil d'un éclat trop vif et qui n'est pas justifié. Et comme, d'autre part, dans cet art du vitrail, le modelé doit être réduit à sa plus simple expression, plus les couleurs employées seront restreintes, plus leur intensité sera modérée, mieux les différents plans de lumière, de demi-teinte et d'ombre s'affirmeront dans leur style et dans leur simplicité.

En ce qui concerne les couleurs, je citerai le passage de F. de Lasterye[1] qui a fort savamment traité la question des soins qu'on doit apporter à la mise en œuvre des couleurs au point de vue de l'harmonie

« Cette harmonie résulte, dit-il, 1° de l'intelli-

1. F. de Lasterye, *Quelques mots sur la théorie de la peinture sur verre*. Paris, librairie archéologique de V^{or} Didron, 1852.

gence avec laquelle on rapproche les unes des autres les couleurs les plus propres à se faire valoir réciproquement; 2° de l'art avec lequel le peintre sait employer les ressources de sa palette pour colorer les parties claires et modeler celles dont la teinte générale du verre indique suffisamment la nuance.

La première de ces qualités exige beaucoup d'expérience, et la seconde beaucoup d'habileté.

J'ai dit plus haut, que, dans le choix des verres, il fallait rechercher les tons les plus intenses[1]. C'est qu'en effet, l'aspect général d'une verrière peinte est rarement satisfaisant, si sa coloration ne présente pas une assez grande puissance.

Cela s'explique par deux raisons; — la transparence naturelle du verre, — et le contraste désagréable qui résulterait de l'opacité des plombs, au milieu d'un tableau par trop diaphane.

Pour qu'un vitrail soit harmonieux dans son ensemble, il faut, en outre, éviter avec soin qu'aucune nuance particulière ne prédomine

---

1. Il s'agit ici des grandes verrières.

dans une de ses parties, en dehors du ton général de la verrière.

Cela ne s'applique pourtant point aux fonds unis des vitres à grands personnages. L'importance qu'ils prennent, au point de vue de la couleur, contribue, au contraire, à faire ressortir le sujet. Personne n'a jamais trouvé qu'un ciel pur nuisît à l'aspect harmonieux et pittoresque des scènes qui se passent au grand air.

Mais c'est dans les détails mêmes du sujet, dans la légende, si c'en est une, dans l'accoutrement des personnages, dans les accessoires, les ornements, les bordures, et tout le reste, qu'il faut éviter ces taches auxquelles donnerait lieu la répartition inégale et inhabile des différentes couleurs.

Sous ce rapport, les grands peintres verriers, les inimitables décorateurs du xiiie siècle, avaient une habileté qu'on ne pourra jamais dépasser, et c'est dans leurs œuvres qu'il faut toujours venir étudier cet art si difficile de l'harmonie.

En face d'une belle vitre légendaire de cette époque, l'observateur attentif ne trouverait pas un seul panneau où une couleur quelconque pré-

dominât aux dépens du ton général de la verrière.

Notez que cela ne s'applique pas seulement
à une verrière isolée. Dans l'ensemble de la
vitrerie d'une grande église, une fenêtre ne doit
non plus faire tache au milieu de l'harmonie
générale.

Chartres, ce type éternel du grand art chré-
tien des XIIe et XIIIe siècle, offre à l'étude de
merveilleux exemples en ce genre. Aux tons
froids et mystérieux de la nef, qui semblent
appeler un pieux recueillement, succède, en
s'approchant du chœur, une lumière plus colorée, une lueur plus vive. Du haut des fenêtres
du sanctuaire, sobres de détails et chaudement
teintées, les flots d'une radieuse clarté descendent
sur l'autel, tandis qu'autour du chœur les cha-
pelles, couronne mystique placée au sommet de
la croix, voient leurs sombres voûtes se colorer,
comme à travers un prisme, de tout l'éclat des
rubis, des saphirs et de l'émeraude. C'est tout
un poëme, et un poëme sans taches.

Mais, pour revenir à ce que je disais en commençant, toute la science de l'harmonie ne
consiste pas uniquement dans l'heureux choix

des couleurs et leur égale répartition ; il faut savoir encore selon quelles lois elles doivent se trouver juxtaposées.

Ainsi, dans les vitraux à grandes figures, il n'est pas indifférent que le peintre choisisse telles couleurs plutôt que d'autres, pour les vêtements de ses personnages. D'abord, il y en a quelques-uns dont le costume est indiqué par une tradition qu'on doit toujours respecter. Ainsi le bleu et le pourpre ou le violet sont les vêtements traditionnels adoptés pour Notre-Seigneur, de même que le rouge, le bleu et un voile blanc pour ceux de la Sainte Vierge. Quelques artistes du moyen âge ont même affecté de donner, aux habits des saints, la couleur des ornements dont l'Église se sert pour la célébration de leur fête. Cela me paraît exagéré et, sauf le petit nombre de cas où la tradition fait loi, je pense que le peintre, dans le choix des couleurs, doit consulter surtout l'effet qui peut résulter de leur contraste. C'est encore là un art que les peintres sur verre du XIIIe siècle possédaient au suprême degré.

Cet art, aujourd'hui, se trouve en quelque sorte passé à l'état de science par suite des découvertes d'un illustre savant contemporain. C'est dans l'ouvrage si justement célèbre de M. Chevreul que les peintres verriers doivent étudier théoriquement *la loi du contraste simultané des couleurs.*

Les œuvres de leurs devanciers leur offrent également, à cet égard, des enseignements pratiques qu'ils auraient tort de négliger. J'en ai fait, pour ma part, quelques observations que je vais chercher à résumer ici.

Chacun a pu remarquer, par exemple, que le jaune, employé sans ménagements et sans intermédiaires dans le voisinage du bleu, donne à celui-ci une teinte verdâtre qui en change toute la valeur.

De même le vert et le jaune entremêlés crûment, sans autres nuances accessoires, produisent un effet désagréable à l'œil, et qui altère sensiblement la pureté des tons verts ; le voisinage du rouge tend, au contraire, à faire valoir ces derniers.

Près du bleu, et surtout lorsqu'il se trouve entremêlé avec lui, le rouge a pour résultat un ton violet, beaucoup trop cru s'il n'est rompu par quelques points d'une autre couleur. Le blanc convient particulièrement pour cet usage. — Ainsi, prenons pour type le réticulaire primitif qui sert si souvent de fond aux vitres légendaires. Il est ordinairement rouge, sur bleu; mais, pour que l'harmonie en soit complètement satisfaisante, il faut qu'un petit point blanc marque l'intersection de chacune des bandes du réticulaire.

Les jaunes jouent un moins grand rôle dans les verrières du style primitif que dans celles d'un goût plus moderne, où ils sont employés surtout comme couleur d'application. Mais alors, l'inconvénient qu'ils présentent est leur *extrême susceptibilité au feu*, d'où ils sortent souvent avec une nuance toute autre que celle que le peintre aurait voulu leur donner. Dans le choix des verres, aussi bien que dans l'application des couleurs à la main, on ne saurait trop éviter l'abus des tons orangés, dont l'effet, dans un vitrail, est rarement satisfaisant. Comme couleur intrinsèque du verre, il faut les réserver pour l'ornement des kiosques ou les lanternes d'omnibus. Comme couleur d'application, il faut s'en montrer également fort avare et ne les employer que pour les ombres des orfrais et autres ornements auxquels on veut donner beaucoup de relief.

En général, les jaunes de la peinture sur verre doivent être assez clairs, très purs, et toujours exempts de tons verdâtres et de teintes orangées.

Quant aux violets, il y en a de toutes nuances, depuis le lilas le plus tendre jusqu'au pourpre le plus chaudement coloré, jusqu'aux nuances très intenses qui rappellent celles de la fleur de la pensée. Ces beaux violets sont une conquête de la chimie, qui en a enrichi la palette du peintre verrier à une époque peu reculée. Ils offrent aux peintres de grandes ressources, et par leur couleur propre, et par leur extrême variété.

Je viens de passer en revue les couleurs fondamentales de la peinture sur verre, celles qui entrent, avec leurs nuances diverses, dans la composition même du verre. C'est ensuite au moyen des couleurs d'application qu'on leur donne le modelé indiqué par le dessin. Pour cela, des ombres brunes ou noirâtres suffisent à peu près. Mais la peinture d'application a un rôle plus important et plus varié à remplir dans les parties claires, telles que les chairs, les accessoires et les fonds.

Je ne parle pas des ciels. Comme ils offrent souvent une surface fort étendue, on emploie ordinairement, pour les représenter, des verres bleus teints dans la masse. Quelques peintres de la Renaissance, profitant habilement des lignes transversales qui peuvent couper les parties du ciel, ont eu soin d'en dégrader la nuance, depuis le bleu très vif de la partie supérieure, jusqu'à des tons très pâles et très vaporeux, appliqués au pinceau dans la partie qui touche à l'horizon. Dans les vitres de la même époque, où l'on rencontre des fonds de paysages, les derniers plans sont toujours d'un ton bleuâtre ou violacé qui concourt très harmonieusement aux effets de la perspective. Toutes ces parties sont peintes à la main, et il ne saurait en être autrement.

Il en est de même encore des parties d'architecture. Celles-ci, en général, sont rendues par un mélange de grisaille et de tons jaunes. Le jaune y est particulièrement réservé aux ornements tels qu'arabesques, filets unis ou perlés, torsades, pinacles, feuilles d'acanthe ou de choux, encadrements, corniches, etc., etc.

Souvent aussi, dans les anciens vitraux, le jaune est employé à peindre les cheveux des personnages. Cela ne veut pas dire qu'on ait toujours, par là, voulu représenter des blonds. Mais le fait est qu'alors, dans les verrières les plus richement colorées, les têtes n'étaient guère que de véritables camaïeux plus ou moins chaudement colorés, et souvent même de simples grisailles, qu'on cherchait à relever par un peu de jaune. — Vaut-il mieux les peindre comme dans un tableau ordinaire, et donner aux carnations leur couleur absolument naturelle? — J'en doute fort, et les essais modernes n'ont rien qui doivent le faire penser. Si la pure grisaille a quelque chose de trop froid pour les figures, au moins faut-il, je crois, s'en tenir, dans la grande décoration à des tons de camaïeux légèrement colorés, qui rendent les têtes plus lumineuses, et en font ressortir l'expression beaucoup mieux que ne pourrait le faire une peinture plus couverte et plus opaque. »

Ces réflexions d'un observateur éclairé indiquent à l'amateur de quelle façon il doit lui-même voir, observer, disséquer pour ainsi dire l'exécution des vitraux anciens pour en appliquer l'esprit, en rendre l'harmonie. Toute proportion gardée, les règles de goût et de coloris qui régissent les vitraux d'appartement sont les mêmes que celles qui commandent à la confection des grandes verrières de nos cathédrales ; le jeu des contrastes y doit être employé avec la même réflexion et le même soin si l'on veut obtenir l'effet propre au génie de l'art du peintre verrier.

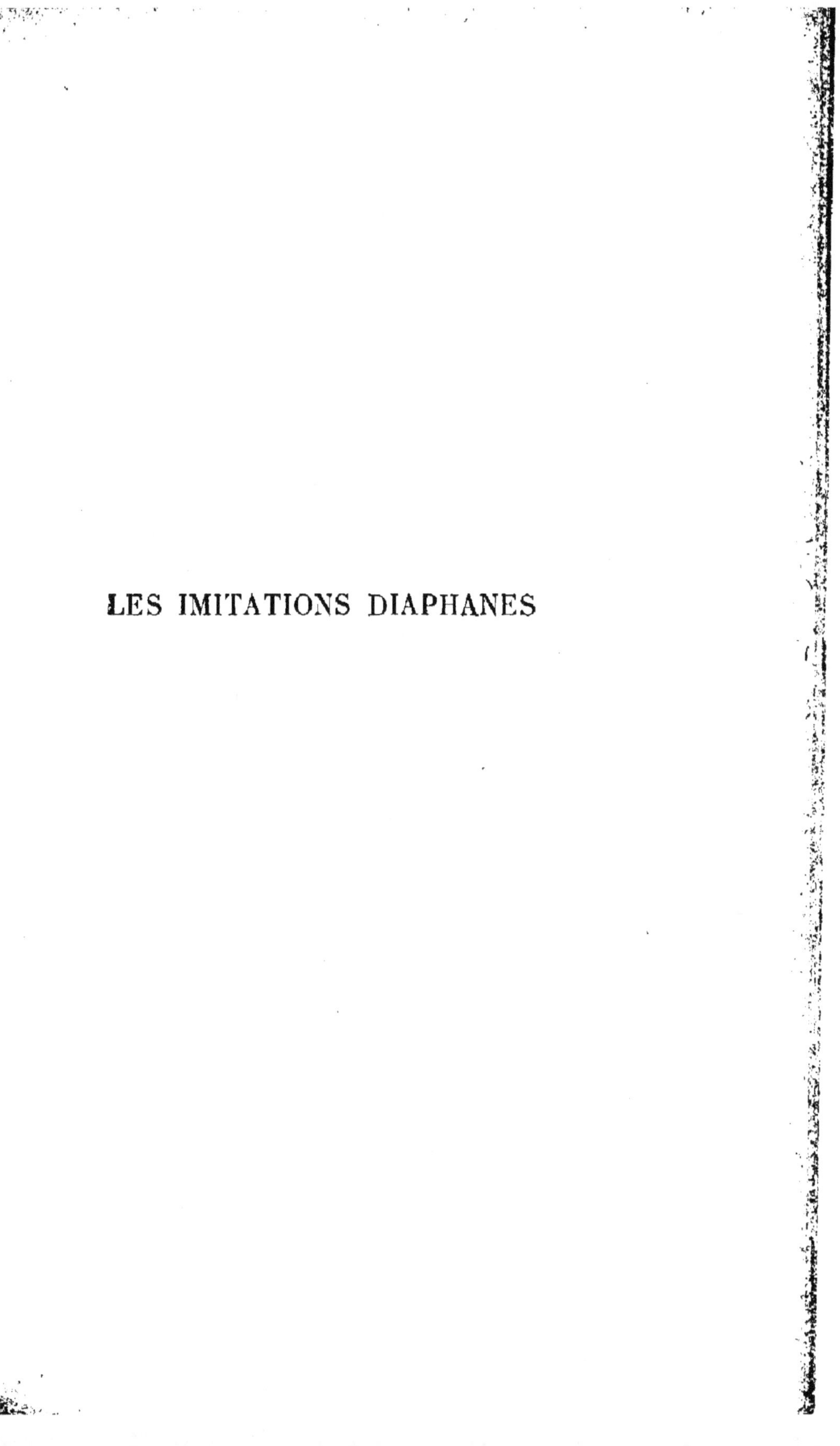

LES IMITATIONS DIAPHANES

V

IMITATIONS DIAPHANES

—

DIAPHANIE. — HYALOCHROMIE. — VITROLOGIE.

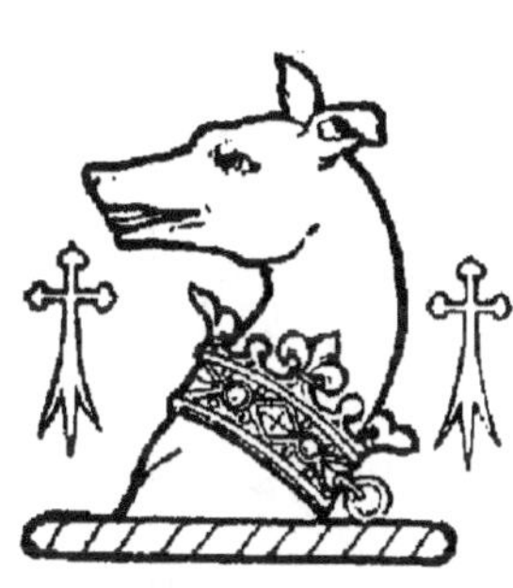

L'art d'imiter les vitraux consiste à les remplacer dans les appartements par des feuilles imprimées en chromolithographic et rendues transparentes à l'aide d'un vernis.

Ce genre peut donc être varié à l'infini; il suffit d'avoir le choix nécessité par la destination qu'on se propose de donner à ces vitraux imités. Dans un cabinet de travail on se rapprochera des vitraux du xIV^e siècle par des sujets allégoriques ou religieux; une salle à manger sera décorée par des sujets flamands;

dans une bibliothèque on imitera les vitraux suisse ; des ornements et entrelacs, des croisements de carreaux ou losangés de couleur seront mieux à leur place. C'est là une question de goût et de tact qui nous fait dire que l'étude et l'observation des anciens vitraux, sans être indispenpensable, est cependant utile à quiconque veut s'occuper du vitrail, et cela même lorsqu'il s'agit de simples imitations diaphanes.

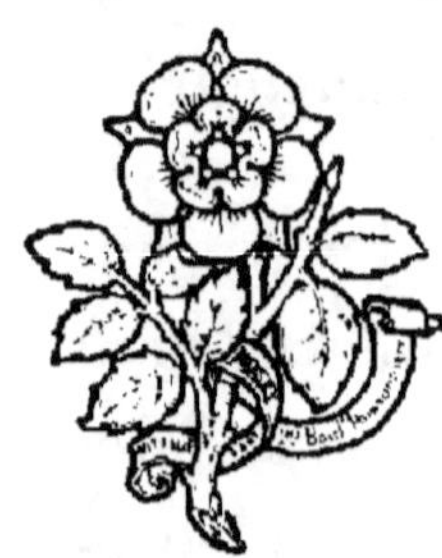

Puisque je vous ai indiqué pour guide, en vue de vos cuissons et des montages, s'il y a lieu, la maison Rosey, j'ajouterai que sa collection de feuilles en couleur destinées à l'application sur verre, imprimées chez M. Engelmann, qui est un véritable artiste, m'a semblé la meilleure à proposer aux amateurs, par la solidité de ses tons, des rouges en particulier, qui sont ceux qui offrent le plus de résistance à l'action du soleil. Cette collection qui se compose de plus de deux cents modèles, se prêtant à toutes les combinaisons, est celle dont l'emploi est certainement des plus faciles grâce au catalogue où tous ces sujets sont reproduits au trait, ce qui permet de se rendre compte de leur composition et de leur importance.

Des dispositions générales. — Je l'ai dit, le choix des feuilles à employer est une question de goût personnel selon la place que doivent occuper les vitraux. Pour les fenêtres d'une seule vitre, on choisira de préférence de grands sujets ; ils sont d'aspect plus décoratifs ; on peut aussi les employer aux croisées divisées par

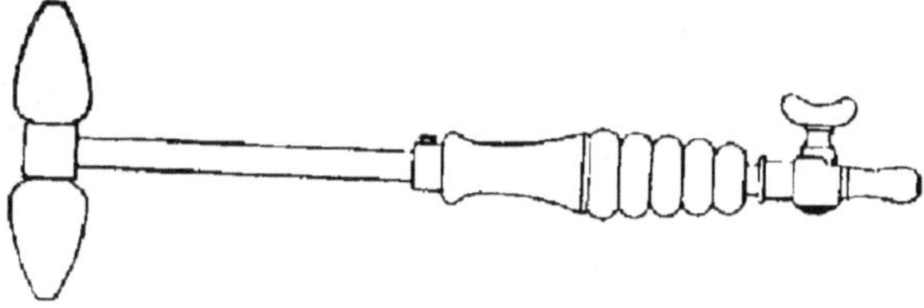

Le fer à souder.

deux vitres, mais je ne les conseillerais pas pour celles, et c'est le plus grand nombre, qui sont composées de trois carreaux. Les appartements ne présentent pas assez de reculée pour que la division de la feuille d'un grand sujet en trois pièces disparaisse dans l'aspect décoratif, et, la plupart du temps, les deux coupures du sujet choquent l'œil. C'est donc le cas d'employer les petits ou moyens sujets, isolés pour chaque vitre et reliés extérieurement par la bordure.

L'imitation des vitraux se faisant sur une seule vitre et non sur des morceaux de verre reliés entre eux, il ne serait nul besoin d'y simuler les plombs. Cependant, il nous semble que l'imitation serait incomplète et, d'autre part, l'emploi des plombs simulés par des bandes de feuilles d'étain découpé, voire même l'emploi de

lamelles de papier gauffré et argenté, facilite singulièrement l'exécution du travail. En effet, quelque soin qu'on apporte au découpage, si bien que soit faite la juxtaposition, il y a toujours des endroits où l'on aperçoit un filet de vitre, ce qui n'arrive pas lorsqu'on a fait l'usage des plombs simulés.

La première opération à faire consiste à tracer

sur une feuille de papier à l'aide de la règle et de l'équerre, des compas si l'on a des médaillons ou des sujets ovales, la disposition du sujet et des ornements qui devront l'accompagner. Cette maquette bien arrêtée, on prend un morceau de verre de la grandeur de la vitre à couvrir qu'on applique à plat sur la maquette et l'on commence par coller les bandes de plomb. Beaucoup d'amateurs collent directement les feuilles sur les croisées. Au point de vue de la solidité, ce mode est bien défectueux : en outre, il est bien difficile de tomber juste lorsqu'on applique les feuilles, et ce travail fait sur un subjectile qu'on ne peut remuer à son gré est assez difficile. Tout au plus peut-on l'employer pour les décorations à ornements réguliers et monochromes.

Le mieux est donc d'opérer sur des verres libres qu'on fixe ensuite contre la vitre, le sujet en dedans. De cette façon, l'imitation diaphane est absolument protégée contre la poussière, la buée, le soleil. En effet, ce dernier qui est surtout à craindre est atténué déjà par la vitre de la croisée, et la couche de vernis qui revêt le papier lui est une nourriture suffisante. Il jaunira donc le vernis, le dévorera sans attaquer les

LES IMITATIONS DIAPHANES

Dispositions simples.

LES IMITATIONS DIAPHANES

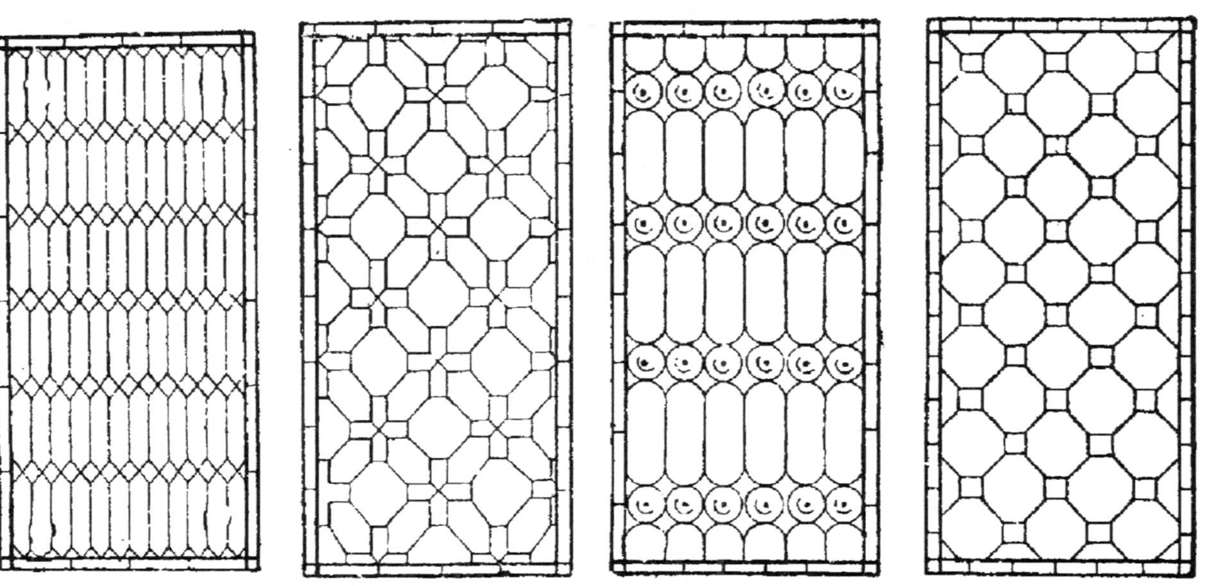

Dispositions losangées et carrelées.

couleurs si l'on a la précaution de revernir de temps en temps. Les vitraux sous l'action de ces vernis successifs, loin de se détériorer, prennent une patine d'un excellent effet. On commence par coller les bandes de plomb (on emploie pour cet usage de la colle d'amidon) selon le tracé de la maquette. Si l'on a des courbes, il faut les tracer au compas sur la feuille d'étain et on les découpe selon le tracé. On les applique sur le verre et on fait adhérer avec un corps rond et dur, un manche d'outil en bois dur, un dos de brosse à dents de forme ronde, etc., et on laisse sécher une demi-heure environ. On lave ensuite avec une petite éponge douce l'excédent de colle sorti de chaque côté de la bande, afin de ne point avoir d'épaisseur lorsqu'ensuite on collera les feuilles et l'on essuie le verre.

Pour le découpage des feuilles, on peut employer deux moyens : le décalque ou le compas. Pour le décalque, on pose sur les plombs déjà tracés et mis en place, l'envers de la feuille, c'est-à-dire le côté le plus mat, et à l'aide d'une pointe à décalquer on incise légèrement le trait de contour, en laissant un peu de recouvrement sur le papier plombé. Quand ce tracé est terminé, on place la feuille de papier la face contre une feuille de verre et l'on découpe au tranchet ou avec un canif bien affilé, partout où se trouve le trait du décalque. On peut employer les ciseaux, mais les découpures sont toujours moins nettes.

Le second mode, qui s'emploie surtout lorsqu'on ne met pas de plombs imités, consiste à tracer à la règle et à l'équerre en se servant du compas de mesure pour vérifier toutes les tailles similaires, puis à découper sur ce tracé. Ce dernier moyen est plus pratique pour les vitraux de deux ou trois tons seulement, affectant des formes géométriques régulières : les losanges, rectangles, etc.

Les feuilles étant ainsi découpées, on place chaque fragment sur une feuille de verre ou de carton (le verre est préférable parce qu'on peut l'essuyer à chaque opération tandis qu'il faut changer le carton qui s'imprègne de colle), le côté brillant en dessus, on enduit ce côté de colle, amplement et régulièrement avec un blaireau et on l'applique sur le vitrail, bien à sa place ; puis recouvrant l'envers d'une feuille de

LES IMITATIONS DIAPHANES

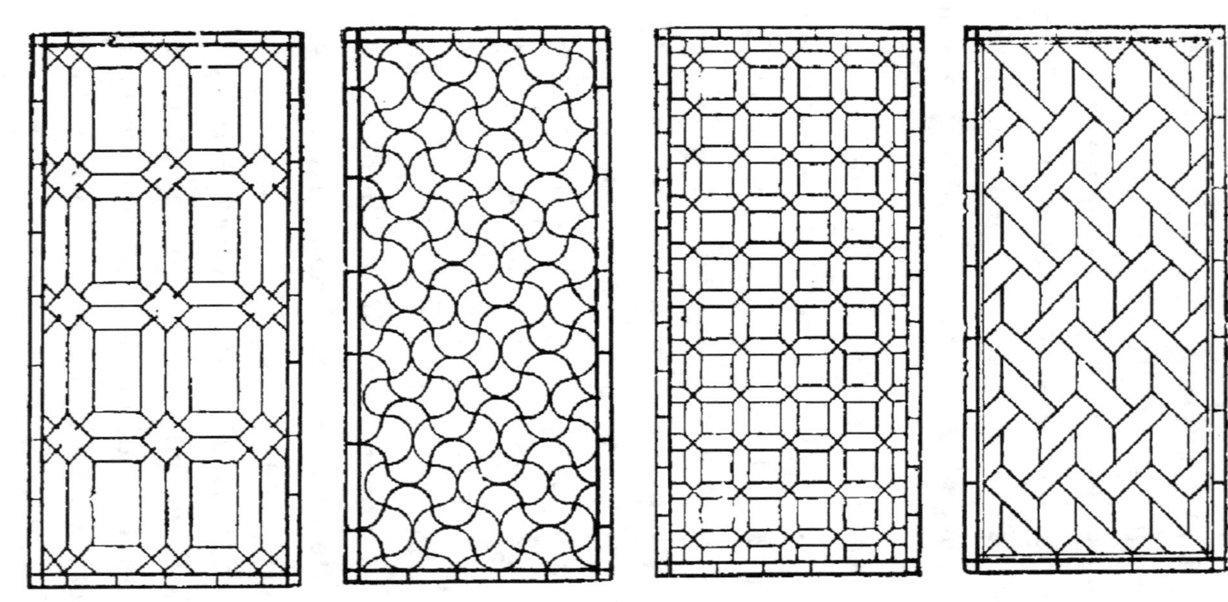

Dispositions variées.

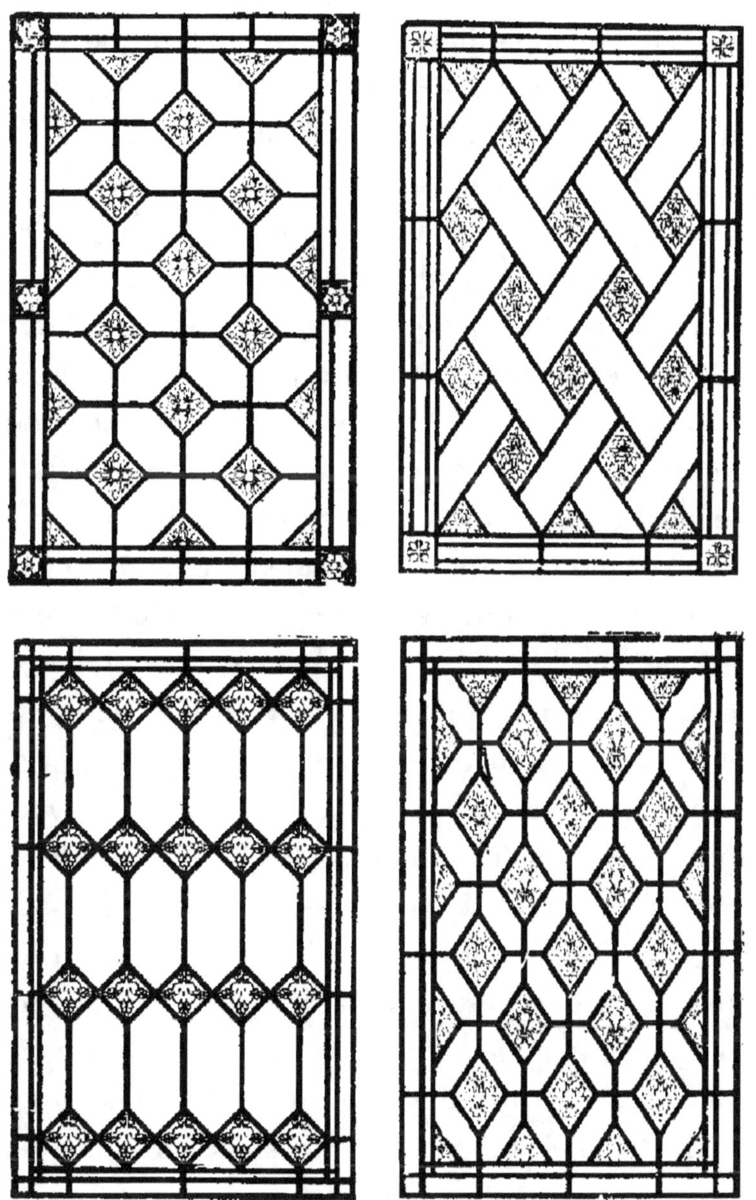

Emploi des imitations d'émaux.

journal on fait adhérer légèrement avec la main en ayant soin d'éviter que le moindre déplacement se produise. Au bout d'un quart d'heure à vingt minutes environ, alors que la colle a détrempé le vernis, on retire le papier de garde, et, maintenant la feuille collée avec l'index de la main gauche, on passe le rouleau de caoutchouc en partant du centre pour aller aux extrémités, faisant ainsi sortir tout l'excès de colle. On doit appuyer assez fortement avec le rouleau jusqu'à ce que l'on ne sente plus aucun excès d'épaisseur. On procède ensuite à un lavage à l'éponge douce et lorsque la feuille est bien sèche, c'est-à-dire au bout de deux heures, l'opération partielle est terminée. On la répète autant de fois qu'il est nécessaire, calmement, sans aucune précipitation et l'on arrive ainsi sans encombre à avoir tout son sujet. Toujours quand le tout est bien sec, on recouvre les papiers-plombs par de nouveaux plats ou gauffrés, et l'opération est terminée. Il reste à vernir le papier, ce qu'on ne fera que le lendemain, et on laissera sécher bien complètement, ce qui demande deux ou trois jours.

En résumé, grâce au nombre considérable des modèles qui existent actuellement, on peut varier à l'infini les arrangements et la composition des vitraux diaphanes et, par la combinaison des motifs, répondre aux exigences de la décoration selon le style préféré, la dimension des fenêtres ou les exigences du jour des appartements.

VI

DE LA HYALOCHROMIE

La hyalochromie est un procédé industriel et breveté créé par M. Engelmann et qui présente aux amateurs un intérêt tout particulier.

D'abord, à l'aide des pièces imprimées sur verre, couleur ou grisaille, chacun peut composer les vitraux à son gré à l'aide de la mise en plomb, ce qui a déjà un intérêt décoratif, grâce à la variété des ornements, des bordures et entourages, des figures et sujets dont les cartons sont puisés aux meilleurs maîtres de la renaissance ou parmi des maîtres modernes tels que V. Galland et Luc-Olivier Merson. Mais ce n'est pas tout : grâce à des procédés de cuisson particuliers, on arrive ici à la suppression totale de la mise en plomb en passant au four des pièces qui dépassent un mètre et que l'on peut décorer à l'aide des couleurs vitrifiables et des émaux en relief, les passant au feu, autant de fois qu'il peut être nécessaire. Ce n'est pas que dans l'application, nous conseillons beaucoup d'utiliser d'aussi grandes dimensions, car des accidents peuvent toujours survenir. Mais en utilisant habilement ces procédés nouveaux, en divisant par exemple en trois pièces chaque croisée d'une fenêtre, on n'aura plus ainsi que six pièces pour toute la décoration, ce qui devient très pratique au point de vue des transports pour la cuisson. Ces pièces se montent sur des châssis de bois d'une très petite saillie, ce qui supprime, outre la mise en plomb, les barrettes et le montage en fer.

Par ce même procédé, on peut aussi se procurer le sujet simplement dessiné en un trait de grisaille que l'on peint ensuite à son gré, ce qui permet d'obtenir des colorations en harmonie avec la pièce où doivent être placés les vitraux.

On peut donc y traiter tous les sujets, non seulement ceux qui figurent au catalogue de M. Engelmann, mais tout sujet qu'on fournira et qui sera en grandeur voulue, transporté au trait et fixé sur le verre.

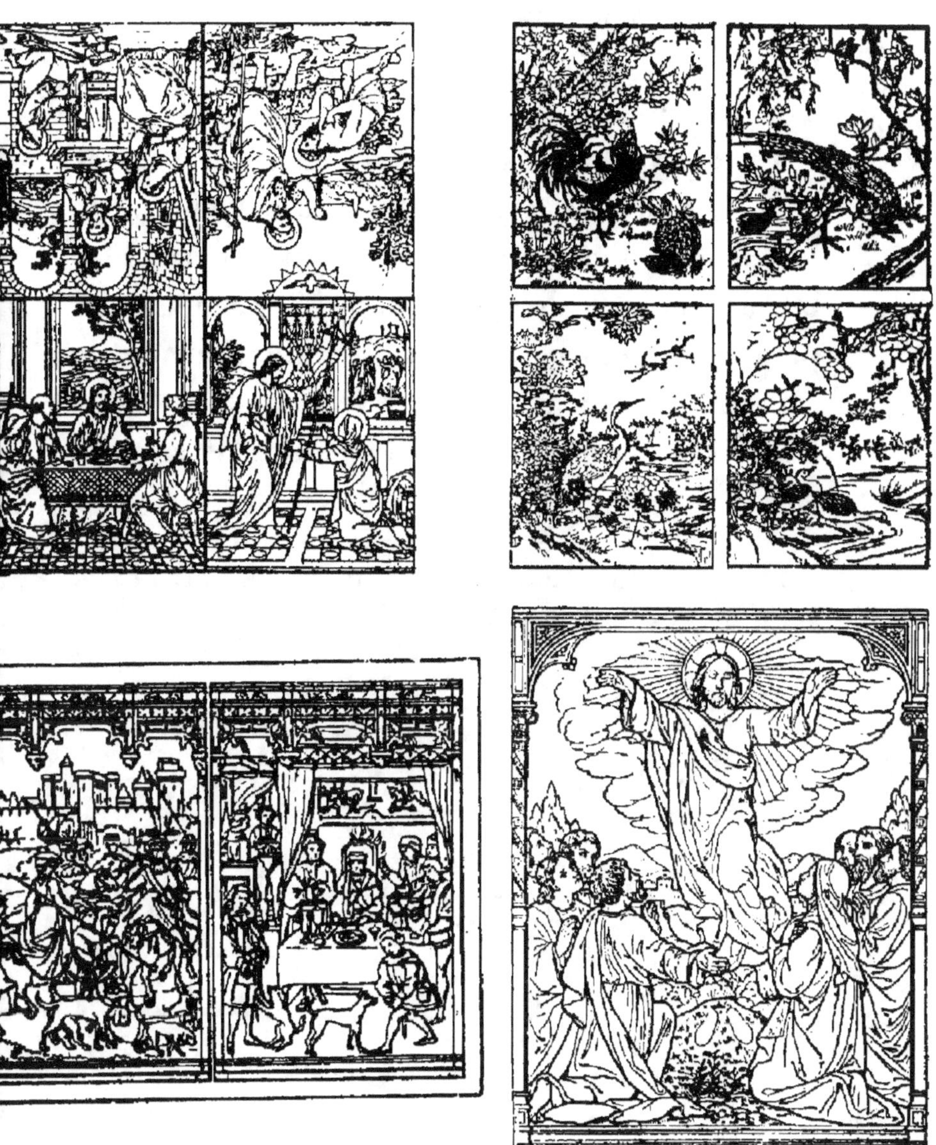

Extrait des collections de Rosey, à Paris.

Il y a là, selon nous, une innovation très heureuse dont un amateur de goût peut tirer un excellent parti.

En dehors de ces manutentions, il n'y a ici rien de nouveau à connaître. Les couleurs sont les mêmes que pour toute peinture vitrifiable, les émaux en relief également. Seulement, on peint chaque pièce d'une seule venue, sans avoir à craindre, comme cela arrive si souvent pour les pièces juxtaposées, les inégalités de la cuisson [1].

1. Pour la cuisson, s'adresser également à M. Rosey, 22, boulevard Poissonnière.

VII

VITROLOGIE

———

Dans les imitations diaphanes dont nous venons de parler, c'est l'impression en chromolithographie ordinaire, tirée sur papier mince et rendu transparent par un vernis qui produit l'illusion. Dans la vitrologie, le subjectile est une pellicule transparente sur laquelle les sujets sont imprimés directement. Cette pellicule gélatineuse, aussi solide que le papier lorsqu'elle est en place, est aussi fragile au toucher et demande à être maniée avec précaution dans toutes les manutentions d'emploi.

La collection Levens, inventeur de ce procédé, possède un choix respectable de sujets parmi lesquels l'amateur peut multiplier les compositions, grâce au mode d'enchâssement ornemental obtenu par suite des yeux de plombs, qui forment relief des soudures obtenues à l'aide d'une pâte spéciale, des pierres de Bohême qui constituent à proprement parler la vitrologie, les sujets étant des vitraux adhésifs d'imitation et non des papiers peints. Il y a donc là un art très spécial et en dehors de tout ce qui s'est fait en ce genre. En effet, grâce au vernis craquelé qui résiste à la lumière, l'amateur peut imiter les verres de couleurs, cathédrale, verdâtre, bleu pâle, jaune pâle, rose, bleu foncé, vert foncé, rouge vif, blanc granité ou dépoli. On voit donc qu'avec ces cinq éléments fac-simile : le sujet, les plombs, la soudure, les verres de couleur, les cabochons, on peut arriver à l'imitation absolue et parfaite des vitraux anciens, d'autant plus que les sujets sont traités en véritable imitation de peinture sur verre. Je veux dire par là que les teintes reproduites ont été faites d'après de véritables vitraux reproduisant ainsi tout le procédé de la peinture sur verre et non ceux du lavis ou de la chromolithographie.

L'emploi des vitraux adhésifs est extrêmement simple et ne demande que du soin et des précautions. Comme pour toutes les imitations, une fois vos mesures extérieures prises, reportez-les sur une grande feuille de papier blanc ou bulle, et tracez-y votre sujet de façon à faire une maquette définitive bien arrêtée pour être sûr de votre découpage.

Ceci fait, découpez les feuilles et collez vos pièces en commençant par les enchâssements de plomb. Encore ici, je vous conseillerai l'emploi du double plomb, la bande plate de papier étain d'abord qui donne un tracé sur lequel vous pouvez faire un peu de recouvrement, sauf à placer ensuite les bandes de plomb et gouttes de soudure ; de cette façon, vous n'aurez à craindre aucun filet de jour entre le sujet et les plombs, ce qui peut toujours arriver si l'on fait erreur dans le découpage, fût-ce même d'un millimètre. Les vitraux adhésifs peuvent être collés à l'intérieur de la pièce à même la vitre. Mais nous préférons le mode précédemment indiqué qui consiste à les fixer sur un verre à part sauf à fixer ce verre par de petites tringlettes de bois contre la vitre. On nettoie bien le verre, on l'enduit de colle de pâte tamisée au travers d'un linge mousseline et on applique la feuille en posant le côté le plus brillant sur le verre encollé de pâte : on laisse bien prendre partout et on chasse l'excédent de colle à l'aide du rouleau de caoutchouc, en partant du centre pour conduire la colle vers les bords et on éponge au fur et à mesure qu'elle sort.

Huit jours après que les vitraux adhésifs auront été posés, on passera sur le tout une couche de vernis cristal qui permettra de les essuyer, de les laver et de les rendre complètement insensibles à la buée.

Je n'insisterai pas davantage sur l'emploi des vitraux adhésifs et de la vitrologie. Mais j'appellerai toute votre attention sur la variété de décoration que la combinaison des deux procédés peut donner, et, je le répète, l'illusion complète des vitraux pour que vous y apportiez quelque soin, aussi le résultat de vos observations sur les vitraux anciens.

F I N

TABLE DES MATIÈRES

IV

V

VI

VII

LES
STYLES FRANÇAIS

ENSEIGNÉS PAR L'EXEMPLE

PAR

L. LIBONIS

Grand in-4° illustré de 368 dessins
accompagnés de notices.

Voici un des ouvrages les plus sérieux et les plus utiles à l'amateur de Beaux-Arts qui se livre lui-même à la pratique, en quelque genre que ce soit.

On peut le dire, aucun ouvrage, jusqu'à ce jour, ne répondait à ce besoin de la connaissance très nette des styles sans laquelle on ne saurait atteindre à la bonne harmonie d'une composition, si modeste qu'elle soit.

Et pourtant que de savants livres ont été publiés sur l'architecture, sur le meuble, sur la décoration picturale! mais, tous ces ouvrages spéciaux, qui s'adressent d'ailleurs surtout aux professionnels, ne pouvaient présenter à l'amateur d'art les avantages de celui que nous présentons aujourd'hui au public. En réduisant le champ de ses études au seul *style français*, l'auteur a pu l'approfondir et nous donner des spécimens puisés à tous les genres.

N'est-il pas, en effet, du plus haut intérêt de se rendre compte de la façon dont s'accomplissent les modifications et les progrès de l'art à la fois dans l'architecture, la peinture, le livre, les tissus, la ferronnerie. Il ne suffit pas de dire au lecteur : tout se tient à une époque, il faut encore le lui faire voir, et, par des exemples palpables, lui enseigner le mode d'adaptation d'un style aux divers objets qu'il doit orner, et si l'examen de l'architecture gothique nous montre l'emploi de rinceaux ou fleurons d'une certaine forme, très spéciale à ce style, il est indispensable de voir comment l'enlumineur du moyen âge a transporté ces ornements sur la page d'un manuscrit, le tisseur et le brodeur sur une pale ou une chasuble, le sculpteur en bois sur une crédence, un dressoir, un coffre de mariage.....

G. M.

(Extrait de la *Revue pratique de l'enseignement des Beaux-Arts.*)

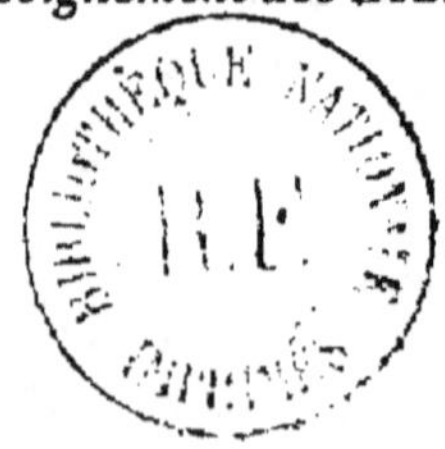

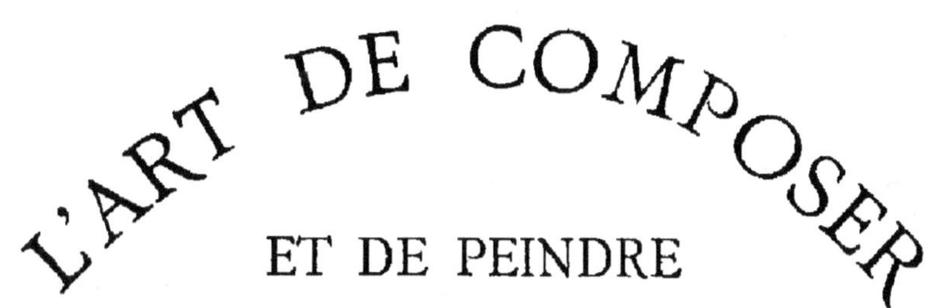

ET DE PEINDRE

L'Éventail — L'Écran
Le Paravent

Texte et Illustrations de G. FRAIPONT
Professeur à la Légion d'honneur.

UN BEAU VOLUME IN-4 CARRÉ

Avec 16 fac-similé d'aquarelles et 112 autres gravures en teinte ou en noir, dans le texte ou hors-texte, d'après les originaux de l'auteur.

Broché : 20 Fr. — Relié : 22 Fr. — Reliure amateur : 30 Fr.

ENVOI FRANCO CONTRE MANDAT-POSTE

BIBLIOTHÈQUE

D'ENSEIGNEMENT PRATIQUE DES BEAUX-ARTS

Par KARL ROBERT (M. Georges MEUSNIER)

EXPERT AUPRÈS DES TRIBUNAUX DU DÉPARTEMENT DE LA SEINE

OFFICIER DE L'INSTRUCTION PUBLIQUE

OUVRAGES ILLUSTRÉS (GRAND IN-8) A 6 FR. LE VOLUME

1. *L'Aquarelle* (figure, portrait, genre).
2. *L'Aquarelle* (paysage).
3. *La Peinture à l'huile* (figure, portrait, genre).
4. *La Peinture à l'huile* (paysage).
5. *Le Fusain sans maître* (19ᵉ édition)
6. *Le Pastel* (figure, portrait, genre, paysage, nature morte).
7. *Le Modelage et la Sculpture.*
8. *La Photographie*, aide du paysagiste ou photographie des peintres.
9. *L'Enluminure des Livres d'Heures.*
10. *La Gravure à l'eau-forte.*
11. *La Céramique* (porcelaine, faïence, barbotine, etc.)
12. *Le Dessin pratique et ses applications aux travaux d'art et d'agrément.*

PETITE BIBLIOTHÈQUE ILLUSTRÉE

DE L'ENSEIGNEMENT PRATIQUE

DES BEAUX-ARTS

Publiée par et sous la direction de M. KARL ROBERT,

Officier de l'Instruction publique.

Prix du volume illustré : 1 fr. 50.

LA REVUE PRATIQUE

DE L'ENSEIGNEMENT

DES BEAUX-ARTS

(Format in-4° de 12 pages)

PUBLIÉE SOUS LA DIRECTION DE

M. KARL ROBERT

Officier de l'Instruction publique

AVEC LE CONCOURS DE MM.

A. KELLER | G. MOREL
Professeur à l'Ecole normale d'Auteuil. | Professeur à l'Ecole des Beaux-Arts de Rou

ET DES PRINCIPAUX ARTISTES DE PARIS

Chaque numéro contient de nombreux dessins et des leçons écrites sur : 1° Les matières programme de l'examen de dessin pour le brevet du 1er degré dit examen de seize ans, enseignées la perspective pratique et le dessin à main levée des objets usuels. Les examens de l'Enseignem supérieur du dessin ; 2° L'académie du paysage d'après les maîtres ; 3° Les dessins d'illustration, cray plume, emploi des papiers procédés ; 4° Cours spécial d'enluminure et de calligraphie ancienne M. le Professeur Foucher ; 5° Cours de peintures en émail, céramique, Vernis-Martin ; 6° Les d'imitation : Photominiature, — Emaillage athénien, — Céramiques dites orientales et peinture-é sur terre biscuitée, barbotine à froid ; 7° L'art de faire un portrait en miniature ; 8° L'art des croq enseigné par des exemples variés, paysages, figures, animaux ; 9° Modèles, grandeur de page, p écrans, éventails, paravents et toutes peintures décoratives sur étoffes ; 10° Programmes et conco nouveautés artistiques, — Informations, — Correspondance.

La Revue pratique de l'Enseignement des Beaux-Arts résume donc aussi complètement que poss ce desideratum artistique pour la jeunesse : joindre l'utile à l'agréable, et donne toutes facilités les examens de dessin, tous documents pour les travaux d'amateurs.

PRIX DE L'ABONNEMENT :

Un an : France, **15** francs. — Union postale, **18** francs.

ON SOUSCRIT AUX BUREAUX DE L'ADMINISTRATION

27, RUE SAINT-AUGUSTIN, PARIS

Et dans tous les Bureaux de poste.

(Envoi du spécimen, numéro Bijou, rédaction illustrée au quart de l'original, franco sur demande.)

MACON, PROTAT FRÈRES, IMPRIMEURS.

EN VENTE

Mâcon, Protat frères, imprimeurs.